BEI GRIN MACHT SICH IHR
WISSEN BEZAHLT

- Wir veröffentlichen Ihre Hausarbeit,
  Bachelor- und Masterarbeit

- Ihr eigenes eBook und Buch -
  weltweit in allen wichtigen Shops

- Verdienen Sie an jedem Verkauf

Jetzt bei www.GRIN.com hochladen
und kostenlos publizieren

Bibliografische Information der Deutschen Nationalbibliothek:

Die Deutsche Bibliothek verzeichnet diese Publikation in der Deutschen National-
bibliografie; detaillierte bibliografische Daten sind im Internet über http://dnb.d-
nb.de/ abrufbar.

Impressum:

Copyright © 2016 GRIN Verlag, Open Publishing GmbH
Druck und Bindung: Books on Demand GmbH, Norderstedt Germany
ISBN: 9783668515062

Dieses Buch bei GRIN:

http://www.grin.com/de/e-book/372304/ein-beispiel-fuer-ein-psychologisches-gut-
achten-zum-zukuenftigen-beruflichen

Livia Sommer

Ein Beispiel für ein psychologisches Gutachten zum zukünftigen beruflichen Werdegang

GRIN Verlag

GRIN - Your knowledge has value

Der GRIN Verlag publiziert seit 1998 wissenschaftliche Arbeiten von Studenten, Hochschullehrern und anderen Akademikern als eBook und gedrucktes Buch. Die Verlagswebsite www.grin.com ist die ideale Plattform zur Veröffentlichung von Hausarbeiten, Abschlussarbeiten, wissenschaftlichen Aufsätzen, Dissertationen und Fachbüchern.

Besuchen Sie uns im Internet:

http://www.grin.com/

http://www.facebook.com/grincom

http://www.twitter.com/grin_com

Gutachten

Betreff: Zukünftiger beruflicher Werdegang   25.02.2017

Auftraggeber: Franz L., geboren am 14.04.1993

Untersuchungsinstrumente: persönliches Beratungsgespräch
                                      Testverfahren   HAWIE-R
                                                             FPI-R
                                                             EXPLORIX
                                                             RLMI-E

Untersuchungstermine: Erstgespräch: 20.12.2016
                                         Durchführung der Tests 10.01.2017
                                         Auswertung der Tests 11.01.2017

Das Gutachten stützt sich auf: - Zeugnis der Allgemeinen Hochschulreife von Franz S.
                                                   - Abschlusszeugnis der Ausbildung
                                                   - eine Unterredung mit Franz L.
                                                   - oben genannte Testverfahren

Inhaltsverzeichnis

1. Sachverhalt: Nennung des Problems

Im Erstgespräch gab Franz L. an, am 15.12.16 sein Arbeitsverhältnis gekündigt zu haben und sich derzeit unsicher über seine berufliche Zukunft zu sein. Er wäge seinerseits ab zwischen einem Studium oder einem neuem Arbeitsverhältnis. Im Folgenden soll geklärt werden, ob Herr L. in der Lage ist ein Studium zu absolvieren und ob sein derzeitiges Arbeitsfeld seinen tatsächlichen Interessen und Fähigkeiten entspricht.

1.1 Vorgeschichte

2012 habe Franz L. nach seiner Allgemeinen Hochschulreife eine Ausbildung zum Feinwerkmechaniker mit Spezialisierung auf Werkzeugbau angeschlossen. Nachdem er 2015 seine Ausbildung erfolgreich absolviert habe, wurde ihm von seinem Arbeitgeber ein unbefristeter Arbeitsvertrag im selbigen Unternehmen vorgelegt. Dort sei er bis zum 15.12.2016 als Feinwerkmechaniker tätig gewesen.

1.2 Lebensumstände

Franz L. wurde am 14.04.1993 in Bad Salzungen geboren. Er sei im ländlichen Gebiet Thüringens aufgewachsen und wohne derzeit in seinem Elternhaus. Er habe keine Beziehung und auch keine Kinder. Sein Vater sei als Elektriker tätig und seine Mutter betreibe eine selbstständige Physiotherapie.

1.3 Stellungnahme Franz L.

Als Grund für seine Kündigung gibt Franz L. an, im Betrieb nicht mehr glücklich gewesen zu sein. Außerdem schildert er, dass sein Arbeitgeber ihn hinsichtlich Weiterbildungen oder Weiterqualifizierungen nicht unterstützt habe und er sich somit keine Aufstiegschancen in diesem Betrieb vorstellen könne. Aus mangelnder Perspektive habe er sich dazu entschlossen das Arbeitsverhältnis aufzuheben, um sich nach eigener Aussage beruflich zu verändern.

1.4 Verhaltensexploration

Franz L. war beim Erstgespräch äußerst motiviert und kooperativ. Jede meiner Fragen beantwortete er offen, ehrlich und ohne zu zögern.

Als ich jedoch auf das Thema der Kündigung zu sprechen kam, wirkte er zwar nach außen locker, seine Stimme klang dennoch gepresst und ihm fiel es schwer ausführlich die Gründe für seine Kündigung zu nennen. Oft stoppte er mitten im Satz und begann wieder neu mit dem Satz. Trotzdem war er bemüht, mir so ausführlich wie möglich zu antworten.

Bezüglich der Tests versuchte er sich kontinuierlich zu konzentrieren und wahrheitsgemäß zu antworten. Er fühlte sich zwar unsicher, da ich für ihn sehr persönliche Daten erhoben habe, dennoch konnte ich Franz L. durch Aufzeigen der Anonymisierung der Aussagen motivieren, seine persönlichen Angaben ohne Zweifel vorzunehmen.

2. Untersuchungsbericht zu den eingesetzten Testverfahren

2.1 Testbeschreibung HAWIE-R

Die revidierte Version des Hamburger-Wechsler-Intelligenztest, ursprünglich entwickelt von David Wechsler, misst den allgemeinen geistigen Entwicklungsstand. Im Vordergrund stehen alters-, milieu- oder krankheitsbedingten Leistungsbeeinträchtigungen in bestimmten Bereichen.

2.2 Verhaltensbeobachtung HAWIE-R

Franz L. war unruhig und anfangs sehr aufgeregt. Ich wurde oft gebeten die Aufgaben zu wiederholen. Mit steigenden Schwierigkeitsgrad rutschte er zunehmend auf seinem Stuhl vor und zurück. Es machte ihn sehr unsicher, nicht zu wissen, ob seine Antworten richtig oder falsch sind.

2.3 Ergebnisbericht HAWIE-R

Verbaltest

Untertests	Rohwerte	Wertpunkte
Allgemeines Wissen	18	13
Zahlen nachsprechen	14	10
Wortschatz Test	17	9
Rechnerisches Denken	14	11
Allgemeines Verständnis	21	12
Gemeinsamkeiten finden	24	10

Handlungstest

Untertests	Rohwerte	Wertpunkte
Bilderergänzen	15	12
Bilderordnen	37	12
Mosaik-Test	34	10
Figuren legen	31	10
Zahlen-Symbol-Test	61	12

Verbalpunkte gesamt: 11, entspricht einem IQ von: 105

Handlungspunkte gesamt: 12, entspricht einem IQ von:110

2.4 Interpretation HAWIE-R

Franz L. hat einen IQ von 108. Damit liegt er im Bevölkerungsdurchschnitt. Die Werte bei den Verbal-und Handlungstest unterscheiden sich grundsätzlich nicht. Auch die Wertpunkte der einzelnen Subtests entsprechen dem Durchschnitt.

2.5 Testbeschreibung EXPLORIX

Der Explorix gilt als wissenschaftlich entwickeltes Selbsterkundungsverfahren. Dieser gibt wertvolle Informationen und Entscheidungshilfen zur Berufswahl und Laufbahnplanung. Dabei steht der Zusammenhang persönlicher Interessen und Fähigkeiten und beruflichen Perspektiven im Vordergrund. Nach Auswertung der Bereiche Tätigkeiten, Berufe und Fähigkeiten wird ein dreistelliger Buchstabencode errechnet. Aus diesem werden die entsprechenden Persönlichkeitstypen nach der Theorie von John Holland aufgedeckt.

2.6 Verhaltensbeobachtung EXPLORIX

Franz L. machte es sichtlich Spaß den Fragebogen auszufüllen. Aufgrund der Vielzahl von Berufsmöglichkeiten war er sich sicher, seinen Traumberuf zu finden und war umso motivierter. Dies zeigte sich durch seine durchgängige Entschlossenheit. Er überlegte nur sehr kurze Zeit bei der Beantwortung der Fragen.

2.7 Ergebnisbericht EXPLORIX

Gruppen der beruflichen Tätigkeiten	Erzielte Summenwerte
Code R – Realistic	45
Code I – Investigative	40
Code A – Artistic	30
Code S – Social	28
Code E – Enterprising	35
Code C – Conventional	25

2.8 Interpretation EXPLORIX

Den höchsten Summenwert erzielte der Code R (45 Summenwerte). Damit sind handwerklich-technische Tätigkeiten gemeint. Darauf folgend ist Code I (40 Summenwerte) zu nennen, bei welchem die beruflichen Tätigkeiten als untersuchend-forschend eingeschätzt wurden und der drittstärkste Summenwert wurde bei Code E (35 Summenwerte) erzielt, zu welchem die Gruppe der führend-verkaufenden gilt. Daraus ergibt sich die Kombination RIE.

Im Berufsregister ergeben sich folglich diese Berufe: Dipl.-Ing. Maschinenbau, Ingenieur, Techniker Maschinentechnik/ Metallbau/ Mechatronik. Aus diesen Ergebnissen kann man ersehen, dass sich Franz L.'s höchste berufliche Präferenzen mit seinem vorherigen Tätigkeitsfeld überschneiden.

2.9 Testbeschreibung FPI-R

Die revidierte Version des Freiburger Persönlichkeitsinventars ist ein psychologischer Persönlichkeitstest, welcher inventarisiert mehrere Eigenschaften misst. Die 138 Fragen (Items) sind mit „stimmt" oder „stimmt nicht" vom Probanden zu beantworten. Dabei werden die Antworten über zwölf Skalen ausgewertet und repräsentieren psychologische Konstrukte, welche für psychologischen Selbstbeschreibungen der Durchschnittsbevölkerung stehen.

2.10 Verhaltensbeobachtung FPI-R

Franz L. war sichtlich nervös. Er wackelte mit seinen Füßen unter dem Tisch. Anfangs wirkte er unsicher und fragte oftmals leise, ob die Aufgaben wirklich alle beantwortet werden müssen, weil diese für ihn sehr persönlich seien. Er fragte wiederholt nach, ob Antworten auch weggelassen werden könnten, da er nicht genau wüsste, wie er darauf antworten sollte. Ich gab ihm wie bereits am Anfang zu verstehen, dass die Antworten nicht richtig oder falsch seien und seine Daten nicht an Dritte weitergegeben werden.

2.11 Ergebnisbericht FPI-R

Skalen	Rohwerte	Stanine	Normstichprobe (in %)
1. Lebenszufriedenheit	2	2	7
2. soziale Orientierung	5	5	20
3. Leistungsorientierung	9	5	20
4. Gehemmtheit	2	3	12
5. Erregbarkeit	5	5	20
6. Aggressivität	9	8	7
7. Beanspruchung	5	5	20
8. Körperliche Beschwerden	6	6	17
9. Gesundheitssorgen	3	3	12
10. Offenheit	7	6	17
11. Extraversion	9	6	17
12. Emotionalität	8	6	17

2.12 Interpretation FPI-R

Aus den Ergebnissen lässt sich ablesen, dass Franz L. insgesamt im Durchschnitt liegt. Dies betrifft die Skalen der sozialen Orientierung (5 Stanine), Erregbarkeit (5 Stanine), Beanspruchung (5 Stanine) und körperlichen Beschwerden (6 Stanine). Auffällig sind überdurchschnittlich hohe Werte bei der Leistungsorientierung, Aggressivität und Extraversion (jeweils 9 Stanine), sowie Offenheit (7 Stanine) und Emotionalität (8 Stanine). Niedrige Werte hingegen wurden bei Lebenszufriedenheit (2 Stanine), Gehemmtheit (2 Stanine) und Gesundheitssorgen (3 Stanine) gemessen.

Die Kombination der überdurchschnittlich hohen Werte der Emotionalität und Aggressivität verweist auf eine sehr labile, ängstliche und depressive Grundstimmung. Franz L. zeigt derzeit eine sehr hohe Lebensunzufriedenheit sowie eine negative, bedrückte Lebenseinstellung auf, was jedoch möglicherweise auf die erst kurz zurückliegende Kündigung und die damit verbundenen aktuellen Probleme zurückzuführen ist.

Insgesamt weisen diese Ergebnisse darauf hin, dass Franz L. sich derzeit in einer sehr schwierigen Phase mit vielen inneren Konflikten befindet.

3. **Befund**

Die Resultate der Persönlichkeitsuntersuchungen, der Intelligenzmessung und der Berufswahl ergaben folgendes Bild:

Der 23- Jährige Franz L. hat eine geringe Lebenszufriedenheit, welche auf die derzeitige Arbeitslosigkeit zurückzuführen ist. (1.Skala FPI-R: 7.%-Rang) Ihm ist es laut eigener Aussage sehr wichtig, dass er sich selbst in seinem Beruf verwirklichen könne. Er habe viel Mühe und Fleiß bei seinem ehemaligen Arbeitgeber erbracht, in der Hoffnung, in der Firma aufsteigen zu können. Jedoch sei dies von seinem Arbeitgeber nur sehr gering geschätzt worden. Dadurch ist auch sein hohes Aggressivitätslevel begründet. (6.Skala FPI-R: 98%-Rang) Er habe kein Problem mit hoher Beanspruchung (7.Skala FPI-R: 50.%-Rang) in seinem Job, jedoch fiele es ihm sehr schwer, für seine Arbeit keine Anerkennung entgegengebracht zu bekommen. Unter diesen Voraussetzungen habe er Probleme seine Emotionen zu kontrollieren. (Skala N FPI-R: 93%-Rang) Trotzdem liegt die Dimension der Erregbarkeit im Durchschnitt. (Skala 5.Skala FPI-R: 50.%-Rang) Der Grund dafür ist, dass Franz L. außerhalb der beruflichen Ebene sehr selbstbeherrscht sei. Laut eigener Aussage verspüre er außerhalb des Berufslebens keinen Leistungsdruck. Franz L. Ist sich trotz seiner Unsicherheit im Klaren darüber, in welcher Branche er arbeiten will. Die Ergebnisse des Explorix zeigen deutlich, das er in seinem jetzigen Berufsfeld bleiben möchte. Schnellstmöglich ist er gewillt sich wieder in das Arbeitsleben integrieren. Ihm fiel es sehr leicht, den Fragebogen auszufüllen, da er mit großer Sicherheit wusste, was seinen Interessen und Fähigkeiten entspricht. Dies zeichnet sich durch eine hohe Leistungsorientierung und Extraversion seinerseits aus. (3.Skala FPI-R: 98.%-Rang; Skala E FPI-R: 98.%-Rang) Körperliche Beschwerden oder Gesundheitsorgen spielen in Bezug auf seine neue Arbeitsstelle für Franz L. keine Rolle. (8.Skala FPI-R: 69.%-Rang; 9.Skala FPI-R: 16.%-Rang) Seine Offenheit, sowie soziale Orientierung und geringe Gehemmtheit verweisen darauf, dass er kein Problem hat sich Schwächen einzugestehen und sich folglich ohne Probleme von anderen helfen lässt oder zu helfen, wenn ein Kollege in Not sein sollte. (10. Skala FPI-R: 84.%-Rang; 2. Skala FPI-R: 50.%-Rang; 4.Skala FPI-R: 7.%-Rang) Weiterhin ist anzuführen, dass Franz L. in Bezug auf die Intelligenzmessung dem Bevölkerungsdurchschnitt entspricht, die Fähigkeitswerte der Verbal-und Handlungstests unterscheiden sich dabei nicht. (HAWIE-R: IQ 108) Trotz anfänglicher Unsicherheit wurde ihm im Laufe des Tests bewusst, dass er die notwendigen Kompetenzen besitzt und anwenden kann.

4. Stellungnahme

Aufgrund der durchschnittlich ausgeprägten relevanten Persönlichkeitsmerkmale und einer im Durchschnitt liegenden Intelligenz ist es Franz L. möglich, sowohl ein neues Arbeitsverhältnis einzugehen als auch ein Studium in seinem derzeitigen Tätigkeitsbereich anzustreben. Ich würde ihm jedoch empfehlen auf ein Studium hinzuarbeiten, weil er aufgrund seiner hohen Leistungsorientierung und Zielstrebigkeit sehr gut in der Lage ist, ein Hochschulstudium erfolgreich abzuschließen.

Da er eine sehr schwierige Zeit in seinem ehemaligen Betrieb hinter sich hat, können die Symptome der gesteigerten Aggression und hoher Emotionalität auch einen momentan ablaufenden Verarbeitungsprozess signalisieren und bei gelungener Verarbeitung wieder zurückgehen. Sollte dies nicht der Fall sein, würde ich Franz L. raten, erneut das Gespräch mit mir zu suchen, um gegebenenfalls einen Test zu wiederholen damit die nicht stattfindende Veränderungen und Gründe dafür sichtbar gemacht werden können.